Word dévoilé

(La méthode Ockham)

DU MÊME AUTEUR

Excel dévoilé,
BOD, Nov. 2020

Pascal Gauthier

Word dévoilé

Éditeur : BoD-Books on Demand
12-14 rond-point des Champs-Élysées, 75008 Paris
Impression : Books on Demand, Norderstedt, Allemagne

ISBN : 978-2-3222-5467-5
Dépôt légal : Mars 2021

1   Avant-propos

Le métier de formateur est très certainement, avec tous ceux liés à l'apprentissage, le plus gratifiant, mais également celui où les phrases toutes faites, les a priori, les on-dit, les légendes urbaines sont les plus fréquents.

Pour être bon sur Word, il faut être bon en français.
Si tu ne pratiques pas, tu ne retiens pas.
C'est quand même plus facile pour les jeunes.

Je pourrais vous en citer encore de nombreuses du même genre.
Plus que ces idées reçues, ce sont les demandes de mes stagiaires qui m'ont motivé à écrire ce livre.

Pour élaborer ma méthode d'enseignement, j'ai allié deux passions : le développement informatique et la philosophie.
La première m'a permis de comprendre comment les logiciels de bureautique marchent, et la seconde comment les apprenants fonctionnent.

Fonctionnement de la bureautique

La bureautique est souvent comparée à une boîte à outils ; ce n'est pas exactement le cas.
Si nous souhaitons rester sur le langage du bâtiment : il y a l'outil, l'ouvrier et le maître d'œuvre.
Excel, **Word** et **PowerPoint** sont à la fois les outils et les ouvriers, l'utilisateur n'est que le maître d'œuvre.

Fonctionnement du stagiaire

Pour comprendre la manière de penser des stagiaires, j'ai fait mienne la devise de Guillaume d'Ockham[1] : « Pluralitas non est ponenda sine necessitate » (*les multiples ne doivent pas être utilisés sans nécessité*). Dans le langage courant, nous appelons cela la légende du rasoir d'Ockham et nous le formulons par : **Pourquoi faire compliqué quand on peut faire simple ?**

Et le drame, c'est que l'être humain normalement constitué, et encore plus lorsqu'il est sous pression, a fait sienne cette doctrine, mais dans l'autre sens : **Pourquoi faire simple quand on peut faire compliqué ?**

Afin de vous ramener sur le bon chemin, celui de la **simplicité**, j'ai élaboré une approche d'utilisation des logiciels de bureautique que j'ai baptisée, tout naturellement, la **méthode Ockham**.

Pour cela, il va falloir oublier beaucoup de nos mauvaises habitudes, réapprendre les essentiels (Sélections, Pointeurs,...). Et finalement, nous pourrons mieux appréhender tous les processus de fabrication (Courriers, Rapports, Publipostage...) tels de solides maîtres d'œuvre.

---

[1] Philosophe et théologien du XIVème siècle

2 Utilisation du livre (Processus)

2.1   Introduction

Ce livre est présenté comme un Manuel d'Assurance Qualité[2], c'est-à-dire que toutes les étapes d'usage du logiciel sont rangées et référencées afin de les retrouver rapidement.

Le schéma d'utilisation est basé sur cette pyramide.

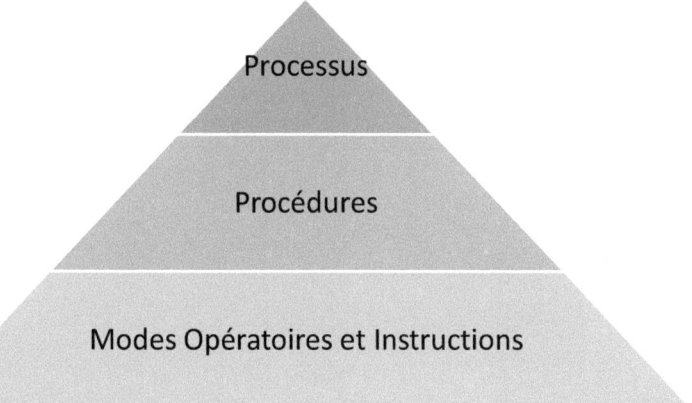

Processus : représente l'utilisation de Word de façon globale (*cf. Chapitre 2.2*).

Procédures : représentent le déroulé de chacune des étapes du Processus (*cf. Chapitre 3*).

Modes Opératoires et **Instructions** : représentent la manière de faire chaque déroulé des procédures (*cf. Chapitre 4*).

Afin de mettre en pratique les différentes procédures, modes opératoires et instructions, un chapitre est consacré à la manipulation (*cf. Chapitre 5*).

---

[2] Document énonçant la politique qualité et décrivant l'ensemble des procédures et autres composants organisationnels du système qualité d'un organisme.

2.2 Le Processus Word

Word est un logiciel de type **Traitement de texte**, l'idée est la construction d'un contenu, afin d'en réaliser un courrier, un document long, de le mettre en page puis de le diffuser au travers de **Thèmes**, **d'Illustrations** ou autres **Publipostage**. Le schéma du processus général proposé ci-dessous doit nous permettre d'aller directement à la bonne procédure (ex. : PRD120 Publipostage).

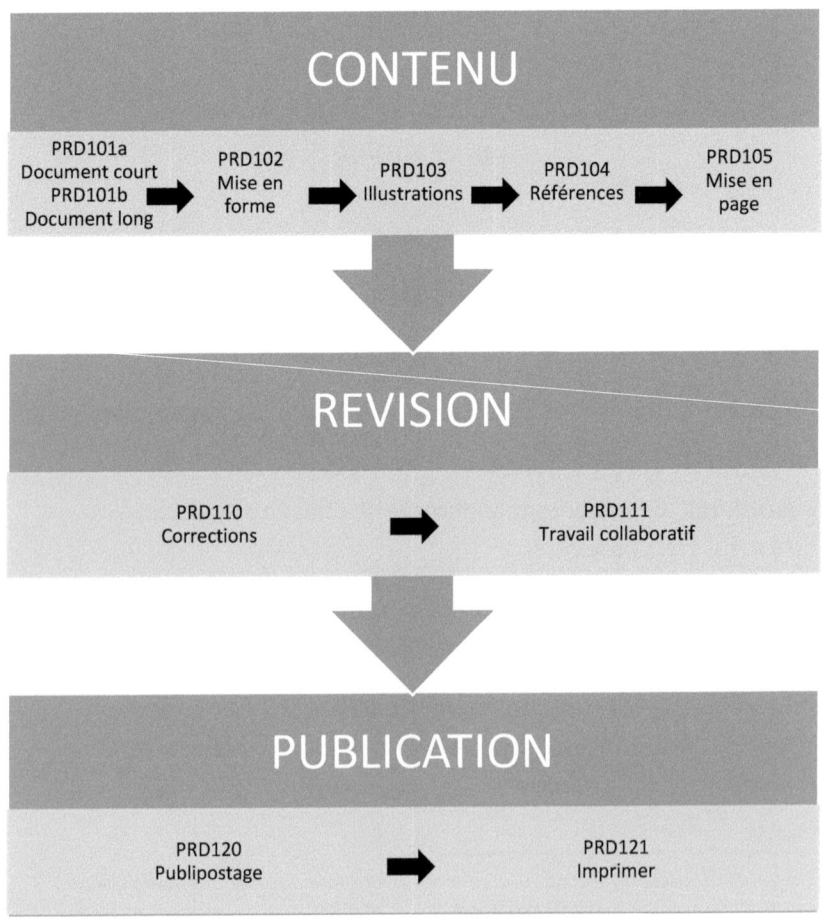

3   Les Procédures

3.1 Introduction

Nous avons vu au chapitre précédent l'ensemble du processus d'utilisation de Word dans lequel était présentée chacune des procédures expliquées dans ce chapitre.

Ici, les schémas proposés sont un ensemble d'étapes à suivre pour obtenir le résultat optimum. Dès que l'étape est représentée comme cet exemple, il s'agit d'un mode opératoire, et l'avantage des logiciels de Microsoft, c'est qu'il n'en existe qu'un, utilisable pour n'importe quelle action (*cf. chapitre* 4). Il pourra également s'agir d'une instruction qui sera aussi décrite dans le même chapitre.

> Faire la
> **numérotation**

Afin d'être à même de comprendre tous les termes employés, les mots qui apparaîtront *en italique et en gras* feront l'objet d'une définition dans le Glossaire (*cf. Chapitre* 6).

3.2 PRD101a : Création d'un document court

Nous parlons ici, d'un document du type courrier.

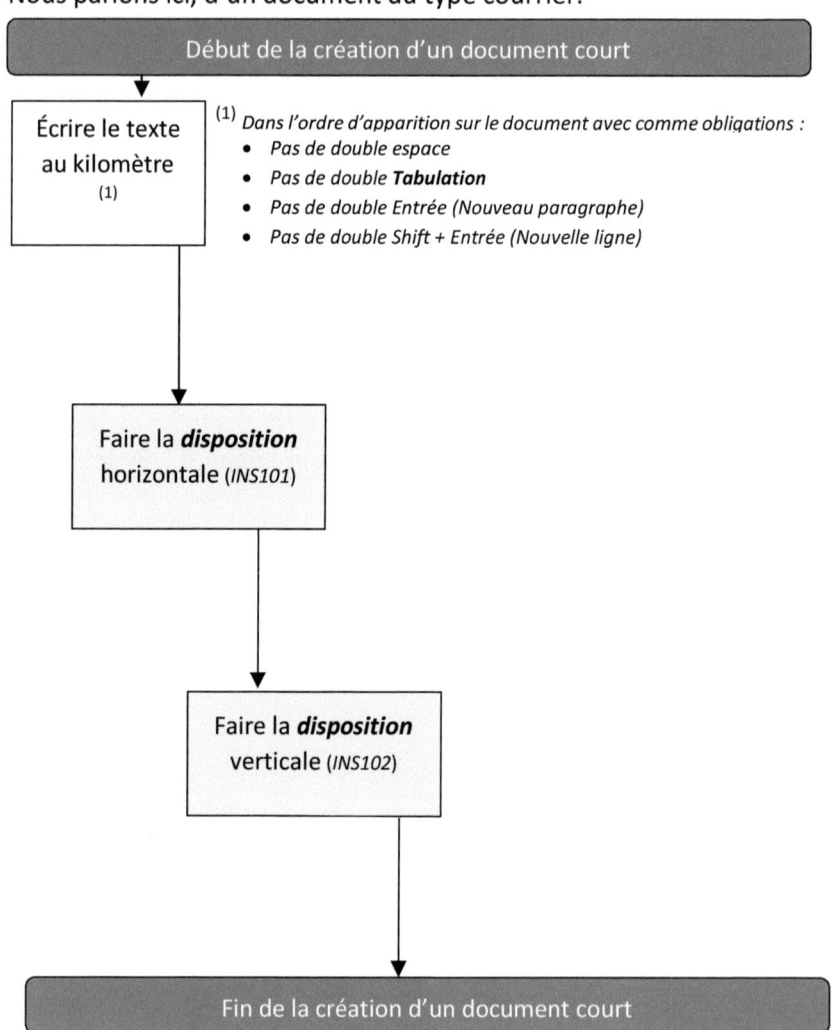

Début de la création d'un document court

Écrire le texte au kilomètre (1)

(1) *Dans l'ordre d'apparition sur le document avec comme obligations :*
- *Pas de double espace*
- *Pas de double **Tabulation***
- *Pas de double Entrée (Nouveau paragraphe)*
- *Pas de double Shift + Entrée (Nouvelle ligne)*

Faire la ***disposition*** horizontale (*INS101*)

Faire la ***disposition*** verticale (*INS102*)

Fin de la création d'un document court

3.3 PRD101b : Création d'un document long

Nous parlons ici, d'un document de type projet, livre, présentation.

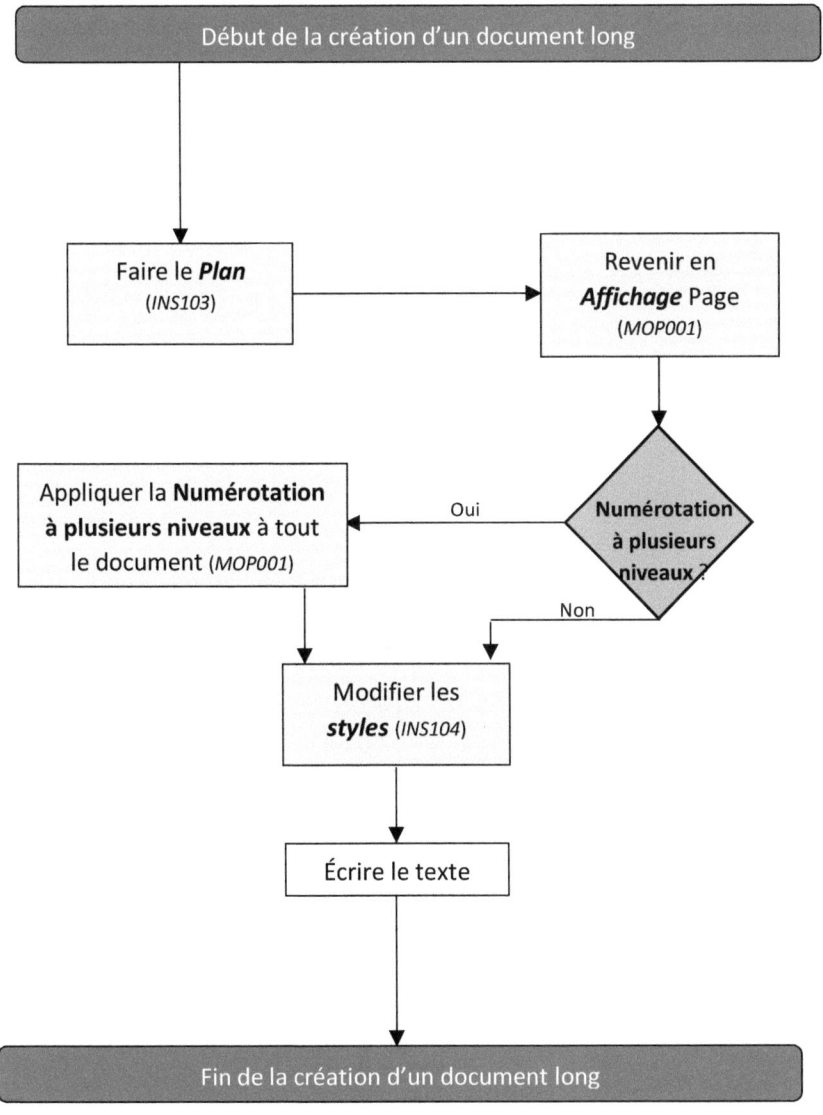

3.4 PRD102 : Mise en forme

Nous parlons ici, de tout ce qui concerne les couleurs, polices, etc.

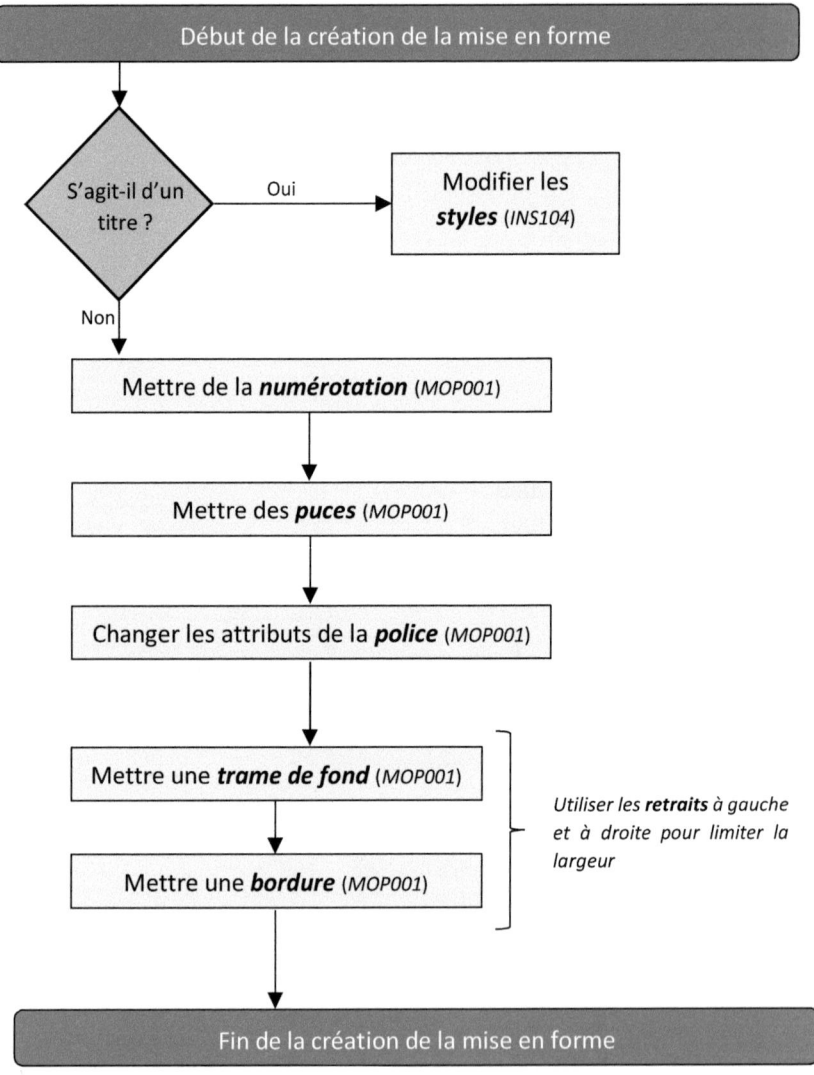

3.5 PRD103 : Illustrations

Cette étape consiste à venir illustrer le propos par des images, **tableau**, **graphique** ou **SmartArt**.

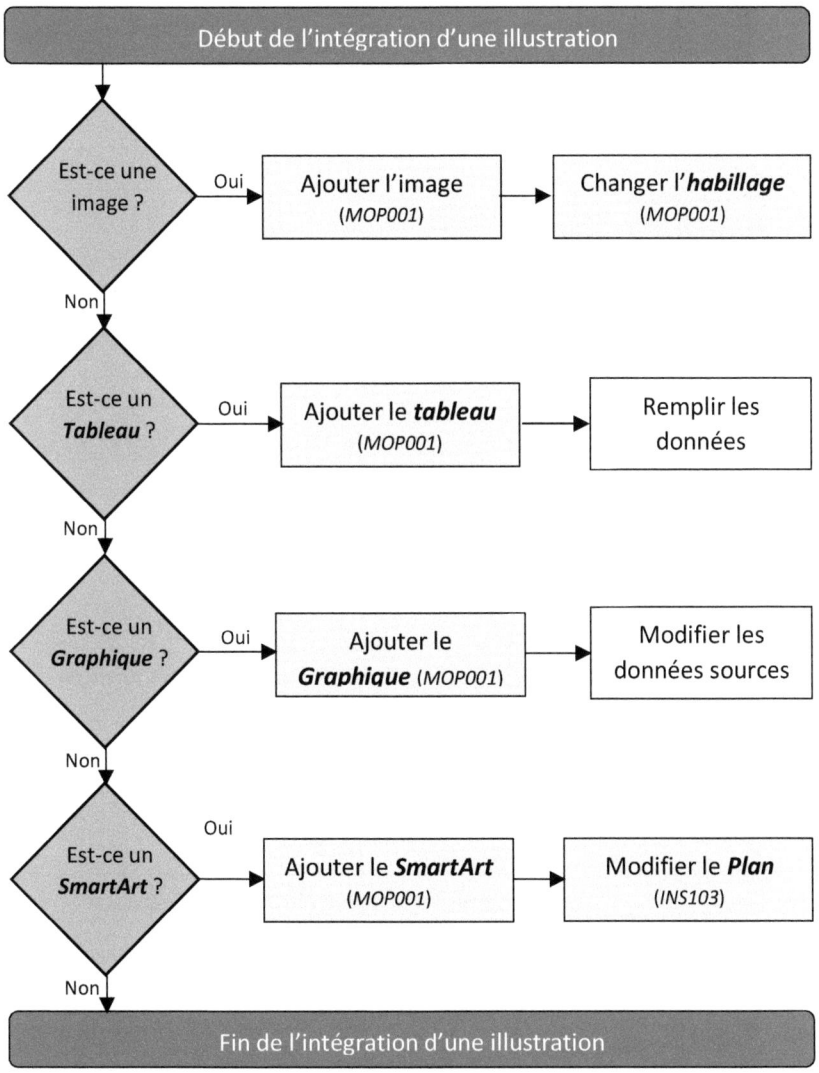

3.6 PRD104 : Références

Les **références** concernent les **Tables des matières (Sommaire)**, **notes** de bas de page, de fin, les **bibliographies**, les **citations** ou les **tables des illustrations**.

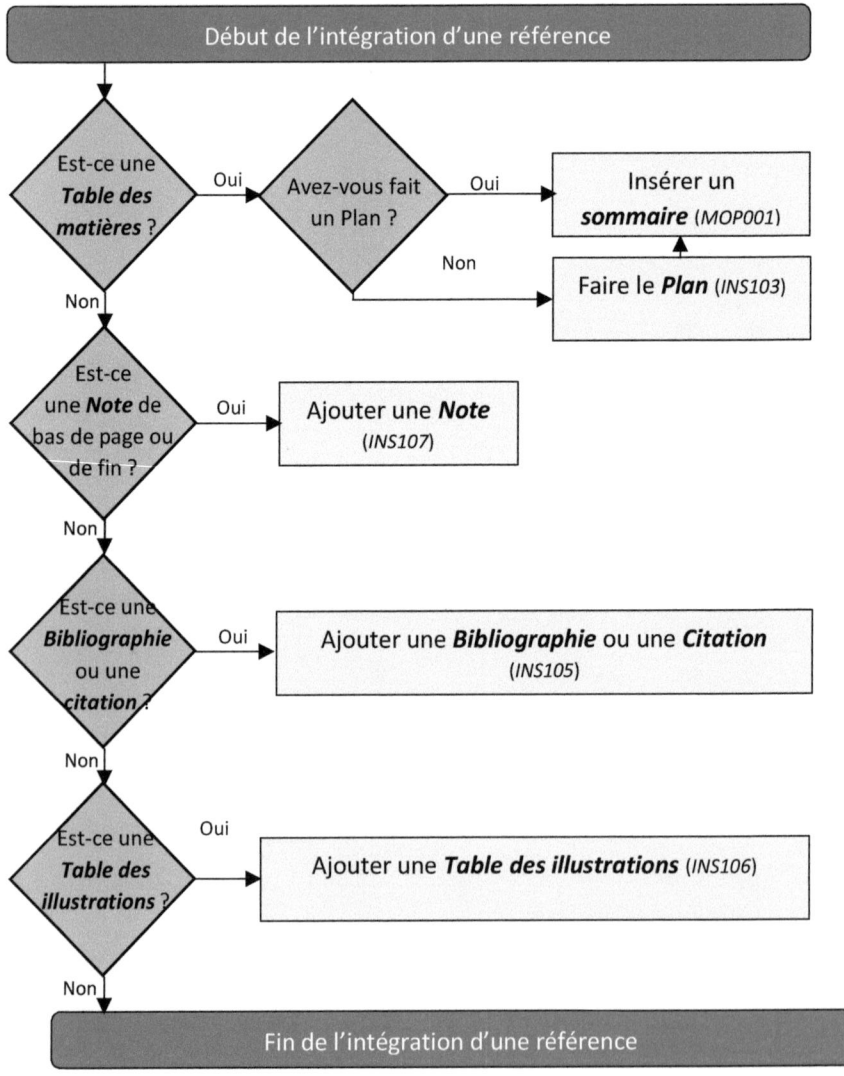

3.7 PRD105 : Mise en page

Cette étape consiste à préparer la **page de garde**, les **en-tête** et **pied de page**.

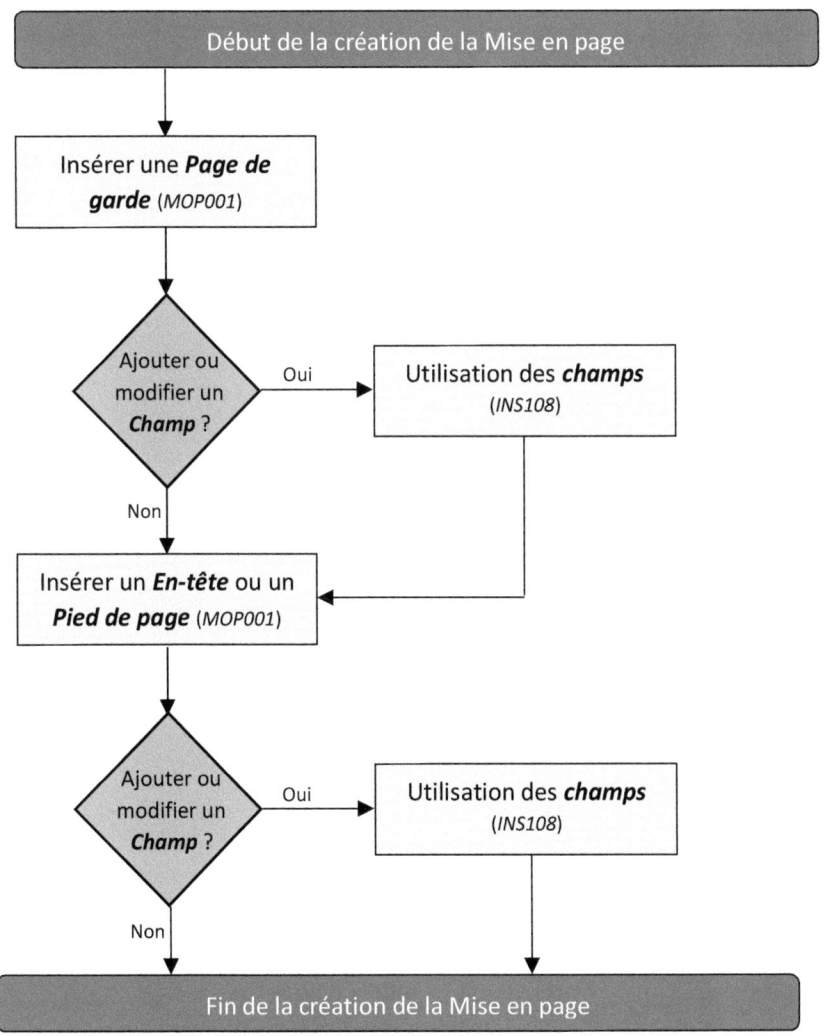

3.8   PRD110 : Corrections

Cette étape permet la correction des fautes d'orthographe et de grammaire, aussi bien en français que n'importe quelle autre langue.

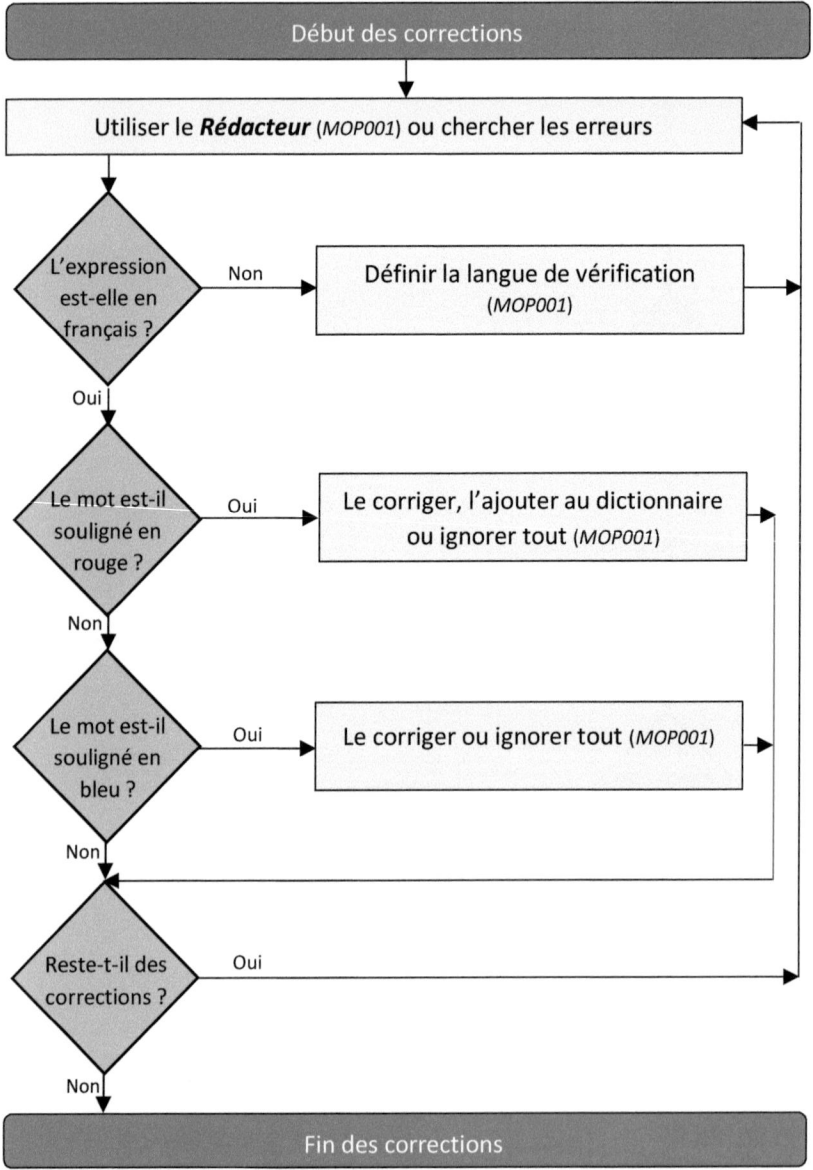

3.9   PRD111 : Travail en groupe

Nous parlons ici, de la possibilité de créer des **commentaires**, de faire des modifications, de les suivre et de comparer.

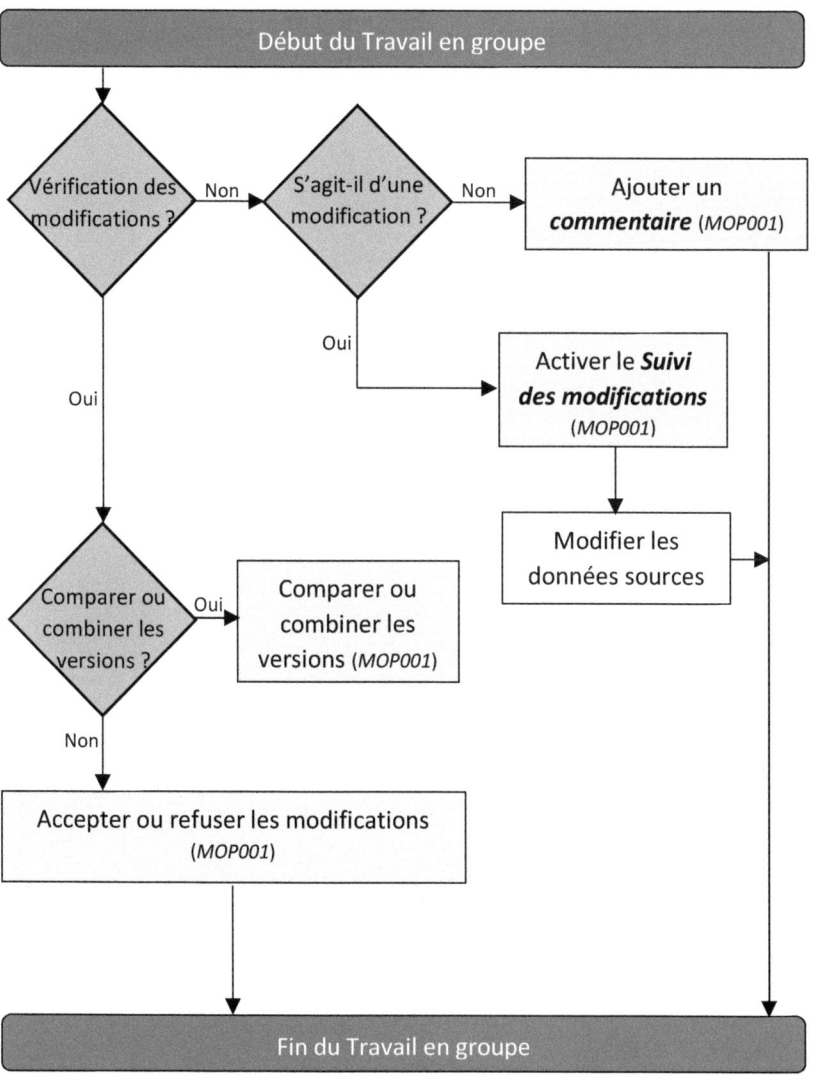

3.10 PRD120 : Publipostage

Nous parlons ici, de la création de plusieurs documents à partir d'un modèle.

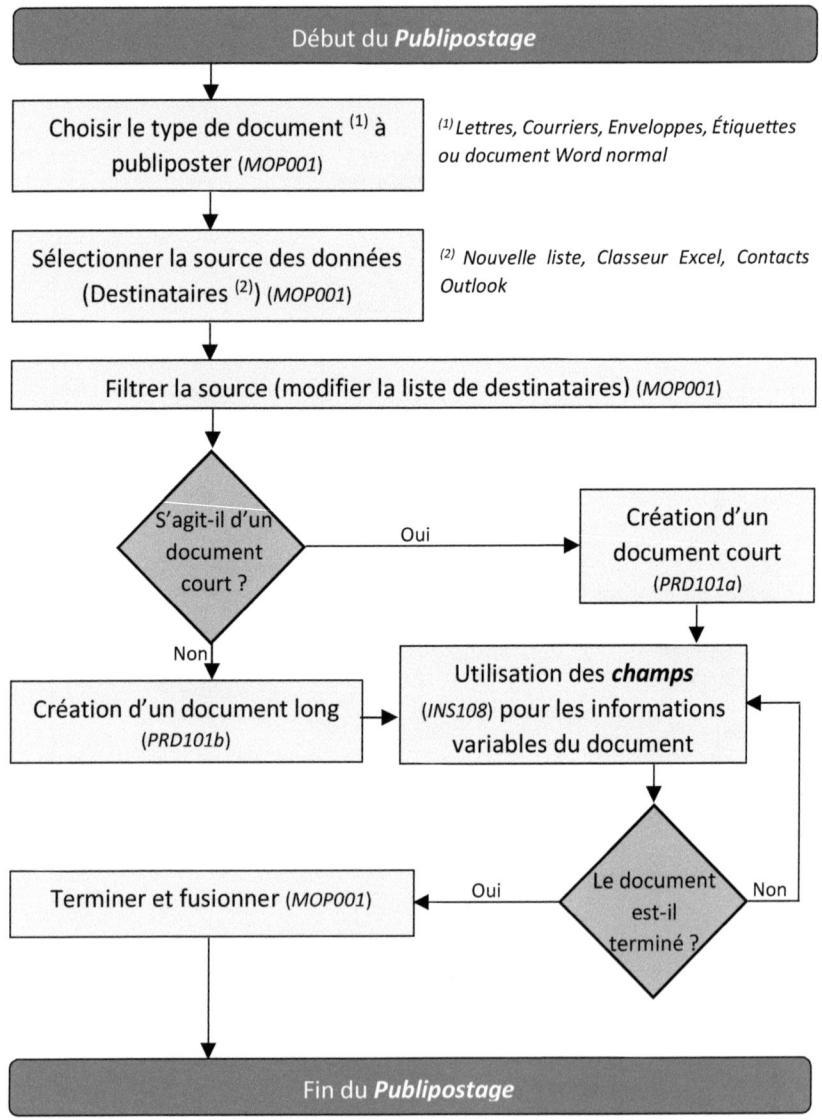

3.11 PRD121 : Impression

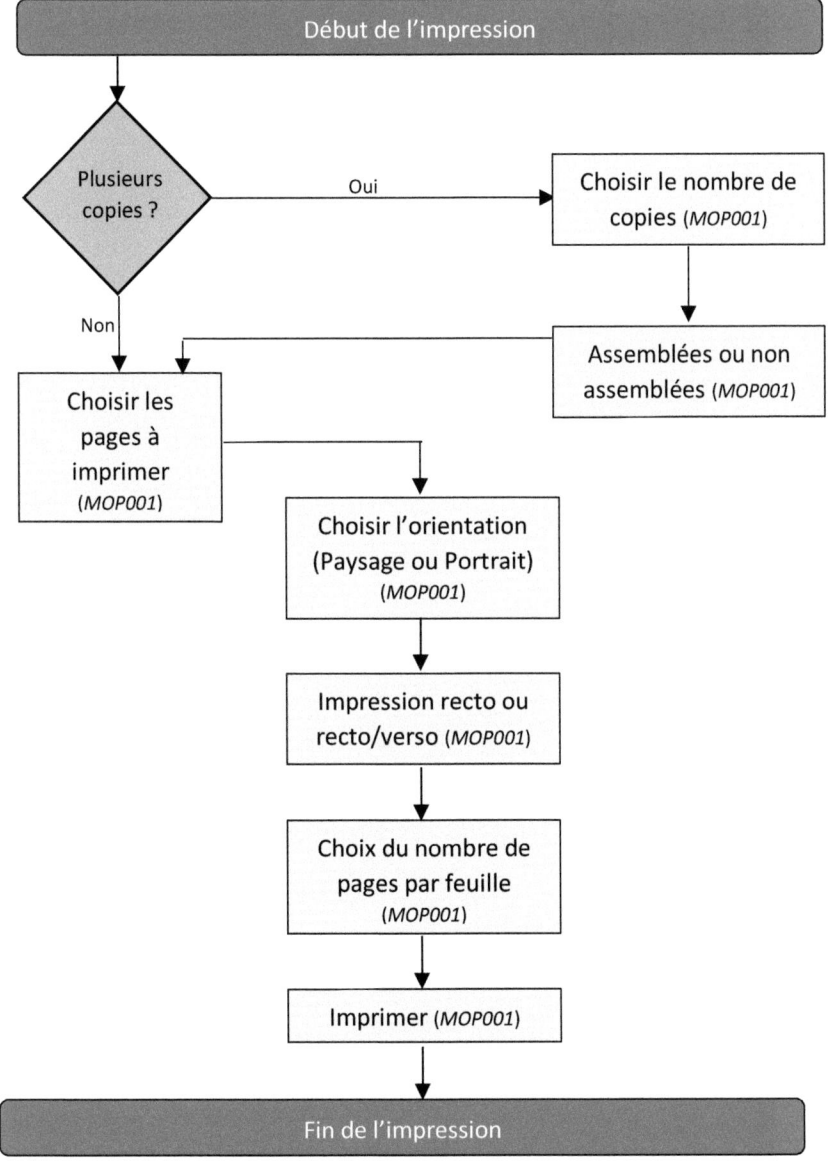

4   Le mode opératoire et les Instructions

4.1   Introduction

Le mode opératoire décrit la manière de faire les différentes étapes. Et l'avantage de la *méthode Ockham,* c'est qu'il n'existe qu'un mode opératoire en bureautique, aussi bien pour les étapes des procédures décrites au chapitre précédent, que celles de personnalisations, non présentées (puisque personnelles).

Les instructions montrent les phases conseillées pour une action précise.

4.2 Mode opératoire (MOP001)

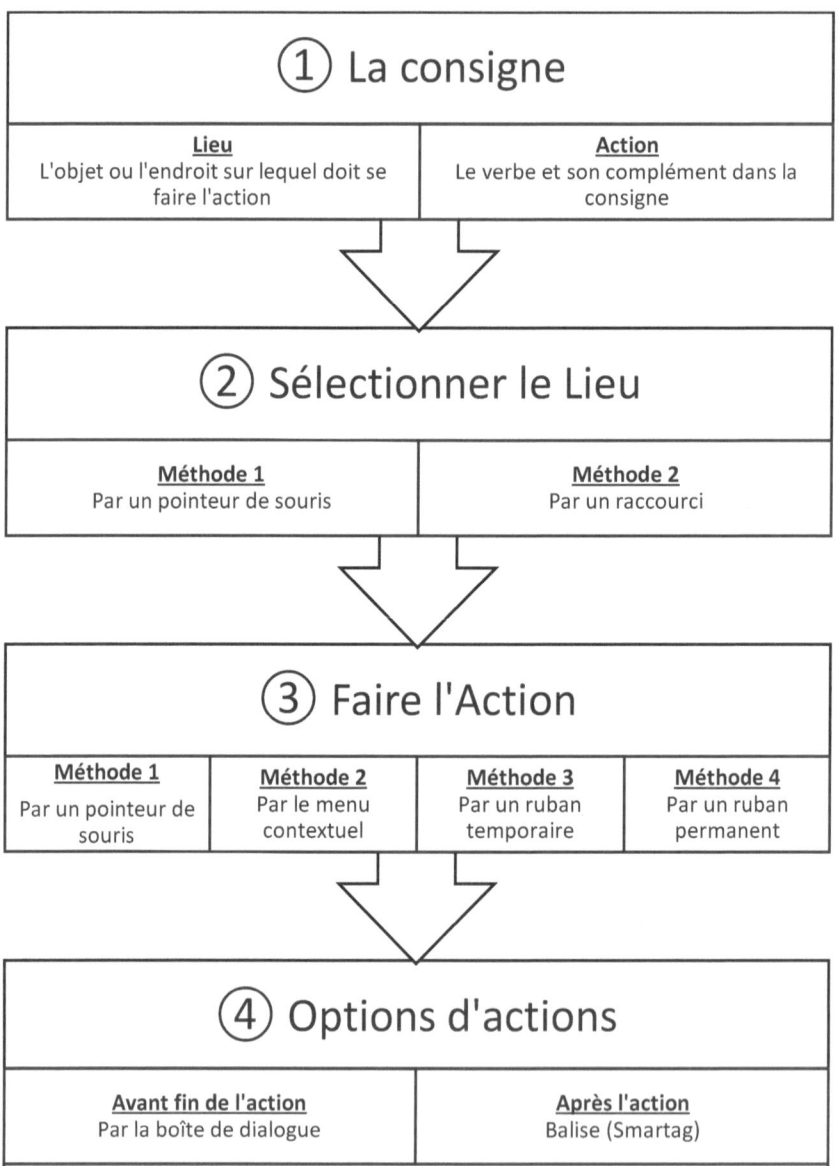

① La consigne	
Lieu L'objet ou l'endroit sur lequel doit se faire l'action	**Action** Le verbe et son complément dans la consigne

② Sélectionner le Lieu	
Méthode 1 Par un pointeur de souris	**Méthode 2** Par un raccourci

③ Faire l'Action			
Méthode 1 Par un pointeur de souris	**Méthode 2** Par le menu contextuel	**Méthode 3** Par un ruban temporaire	**Méthode 4** Par un ruban permanent

④ Options d'actions	
Avant fin de l'action Par la boîte de dialogue	**Après l'action** Balise (Smartag)

4.2.1 La consigne

L'idée de base est très simple : **faire ce que nous disons**.

Pour illustrer le propos, utilisons la métaphore du *bricoleur* : « Vous êtes le roi du tournevis, vous savez visser et dévisser n'importe quoi avec une grande facilité. Et maintenant, on vous demande de planter un clou dans ce mur. La bonne consigne est : ***planter un clou dans ce mur***. Malheureusement, la consigne se transforme au moment de la réaliser et devient : ***Planter un clou AVEC MON TOURNEVIS dans ce mur***. »

Voici les deux raisons pour lesquelles la consigne a été reformulée :
- Cela nous rassure d'utiliser un outil que nous maîtrisons, même s'il n'est pas fait pour ce qui est demandé.
- Nous partons du principe, inconsciemment, que l'action demandée dans la consigne n'existe pas, puisque je ne l'ai jamais fait.

4.2.2 Sélectionner le Lieu

Rappel

Sélection contiguë et **discontiguë**

Contiguë se dit lorsque les objets sélectionnés se touchent.

Discontiguë se dit lorsque les objets sélectionnés ne se touchent pas et se pratique en maintenant la touche **Ctrl** enfoncée.

4.2.2.1 Méthode 1 : Par un pointeur de souris

Il s'agit du curseur qui permet de repérer la souris sur l'écran. Celui visible le plus souvent sur Word étant I

Pointeur	Lieu	Clic gauche	Clic gauche+ mouvement	Double-clic gauche
I	Dans une page	Rien	Sélection de caractères	Sélection du mot *
	Objets	Rien	Déplace l'objet	Rien
	Devant une ligne	Sélection de la ligne	Sélection de plusieurs lignes	Rien
	Dessus du titre de **Tableau**	Sélection de la colonne	Sélection de plusieurs colonnes	Rien
	Gauche cellule de **Tableau**	Sélection de la **cellule**	Sélection de plusieurs **cellules**	Sélection de la ligne de **Tableau**

* Il existe un triple-clic gauche qui permet de sélectionner le **paragraphe**

4.2.2.2 Méthode 2 : Par un raccourci

Le principe des sélections par raccourci est de ne jamais se préoccuper de la taille de la sélection. Il n'en existe qu'un seul, celui de la phrase complète.

Phrase complète : Se positionner n'importe où dans la phrase, puis Ctrl + clic gauche

4.2.3   Faire l'Action

4.2.3.1   *Méthode 1 : par un pointeur de souris*

Pointeur	Lieu	Clic gauche	Clic gauche+ mouvement	Double-clic gauche
Il n'existe pas de pointeur de souris avec action pour le moment sur Word				

4.2.3.2   *Méthode 2 : Par le menu contextuel*

Il s'agit du menu qui apparaît lorsque nous faisons clic droit. Il se nomme ainsi parce que les actions qu'il propose sont en fonction du contexte — de l'endroit où le clic droit a été réalisé — dit autrement « *je vois apparaître les seules actions que je peux réaliser sur l'objet, ou le lieu, sur lequel j'ai positionné mon pointeur de souris* ».

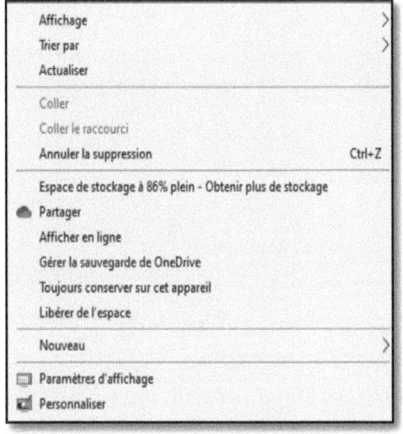

4.2.3.3   *Méthode 3 : Par un ruban temporaire*

Parfois, alors que nous sommes sur un nouvel objet (*souvent ajouté par le ruban Insertion*), un ou plusieurs nouveaux rubans ressortent. Ils sont nommés ainsi, car ils n'apparaissent que lorsque je suis sur un objet précis. Nous y retrouvons donc uniquement des actions liées à l'objet sur lequel nous sommes.

Il s'agit clairement d'un complément naturel au menu contextuel.

Ces rubans temporaires apparaissent systématiquement à la droite des rubans permanents, dans l'exemple ci-dessus, une image a été insérée et automatiquement le ruban « Format de l'image » est apparu.

4.2.3.4 Méthode 4 : Par un ruban permanent

Ils sont accessibles par leur onglet (*Leur nom*).

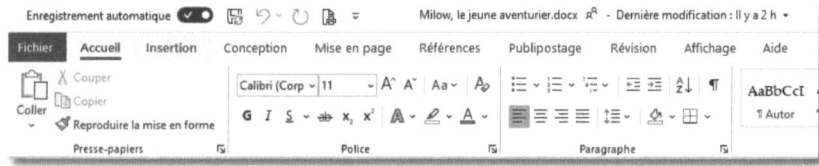

La plupart des rubans sont communs aux trois logiciels de bureautique et certains spécifiques **: Fichier – Accueil – insertion – Conception — Mise en Page – Références – Publipostage – Révision – Affichage – Aide**

Chaque ruban à sa fonctionnalité propre.

Fichier : Accès aux actions pas directement liées au contenu du document, exemple : Imprimer.

Accueil : Le seul dont le nom n'est pas explicite, il aurait dû s'appeler « *Mise en forme* ».

Insertion : Il permet d'ajouter tout type d'objet sur le document : Image, Graphique, Tableau…

Conception : il permet de définir toute la charte graphique du document.

Mise en page : Comme son nom l'indique, il permet de retrouver toutes les fonctionnalités de Mise en page.

Références : Nous y trouvons tout ce qui peut se créer à partir de références : Sommaire, Bibliographie, etc.

Publipostage : Il permet de créer à partir d'un même modèle, plusieurs documents en ne remplaçant que quelques variables.

Révision : Son rôle est la correction du document ; soit sous l'aspect orthographe, grammaire ; soit sous l'aspect collaboratif, chacun pouvant apporter des modifications sur un document commun par des annotations.

Affichage : C'est par ce menu qu'il est possible de modifier l'affichage de l'environnement de l'application : zoomer, afficher différemment, ajouter ou supprimer des éléments visuels.

Aide : Comme son nom l'indique, il permet d'accéder à l'aide de l'application.

4.2.4   Options d'Actions

Chaque action choisie peut avoir une possibilité de demande d'option **avant** ou **après** ladite action, nous permettant d'aller plus loin ou d'être plus précis.

4.2.4.1   *Avant fin de l'action : Boîte de dialogue*
Elle apparaît après la demande d'une action, il s'agit d'une petite fenêtre dans laquelle il nous est requis de choisir parmi des options. Elle permet de préciser une action **a priori**. Il est possible de savoir par avance si une boîte de dialogue existe, simplement parce que le nom de l'opération voulue se termine par 3 petits points (…).

4.2.4.2   *Après l'action : Balise (Smartag)*
Cet outil est peu utilisé, mais fort pratique. La plus connue est très certainement la petite vague rouge qui apparaît lorsque nous faisons une faute d'orthographe. Elles permettent de modifier une action **a posteriori**.

Le plus souvent, ces balises ressortent sous la forme d'une icône, et un cliquant sur cette dernière, des options nous sont proposées.

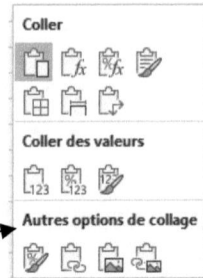

Exemple : après un copier-coller, cette icône apparaît

En cliquant dessus, ce menu apparaît et vous laisse la possibilité de choisir un collage spécial.

4.3   INS101 : Disposition horizontale

Cette instruction doit être réalisée pour chaque paragraphe du document.

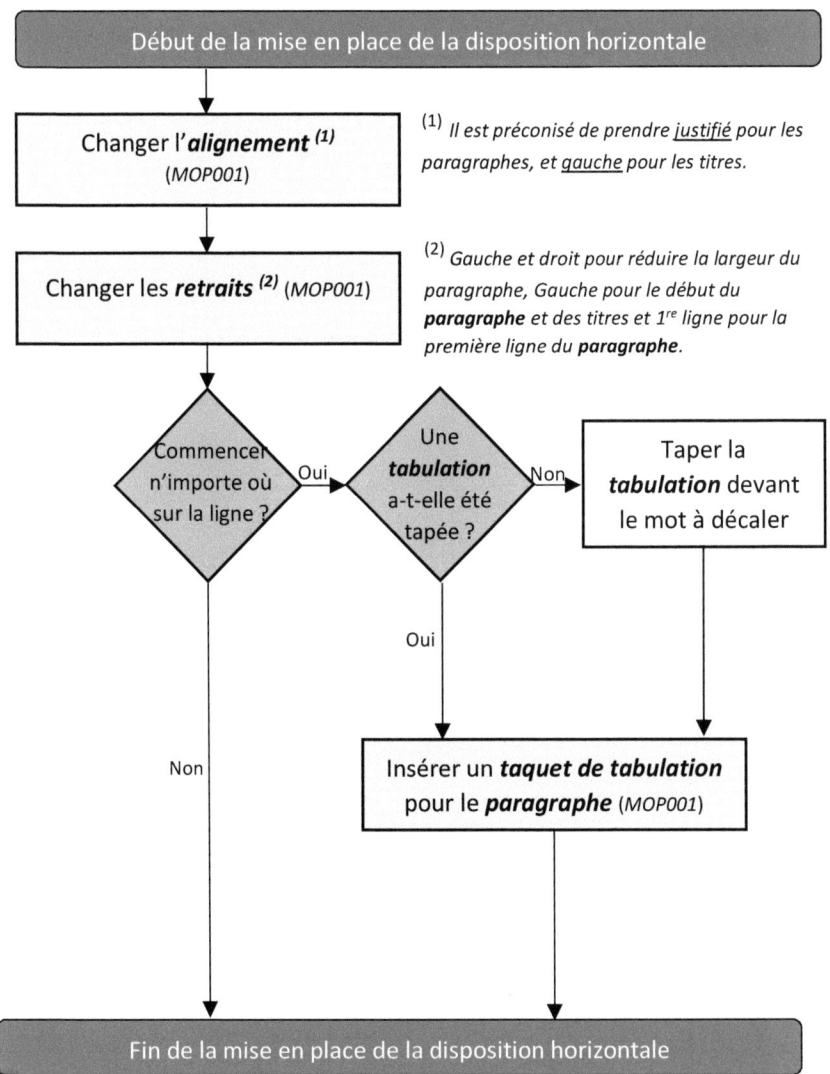

4.4   INS102 : Disposition verticale

Cette instruction doit être réalisée pour chaque paragraphe du document.

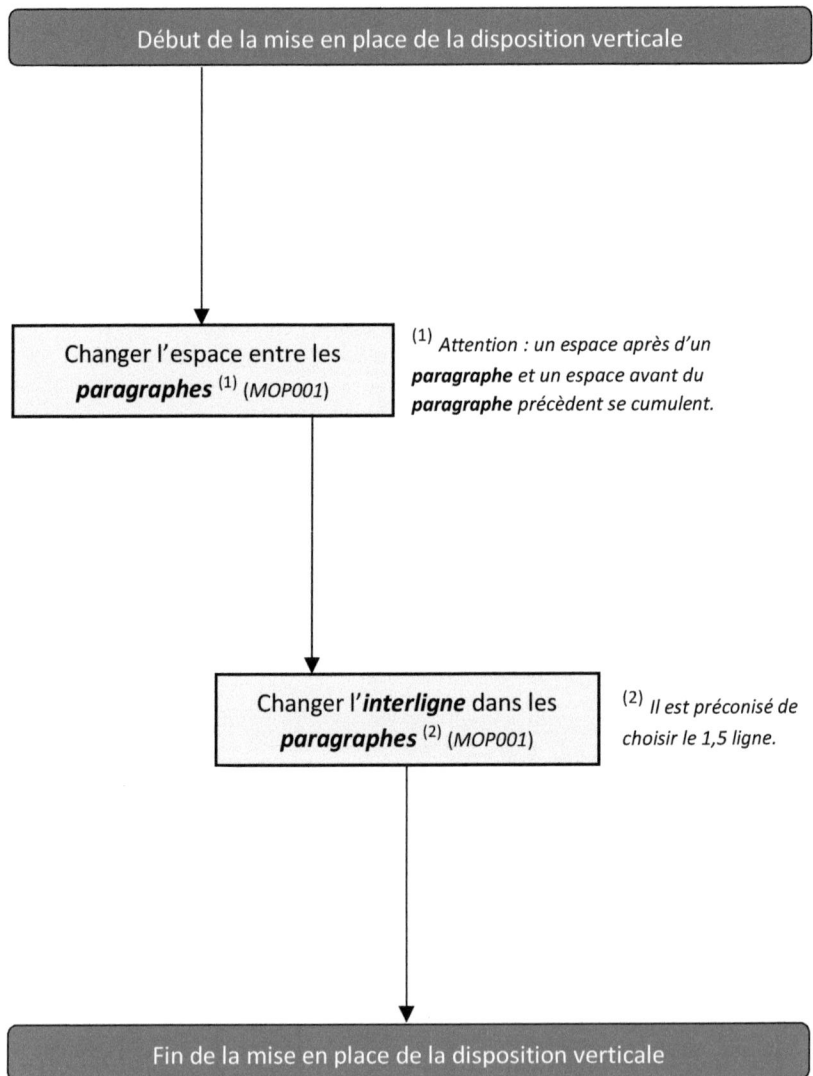

4.5   INS103 : Faire un plan

S'agit-il d'un document ou d'un smart art

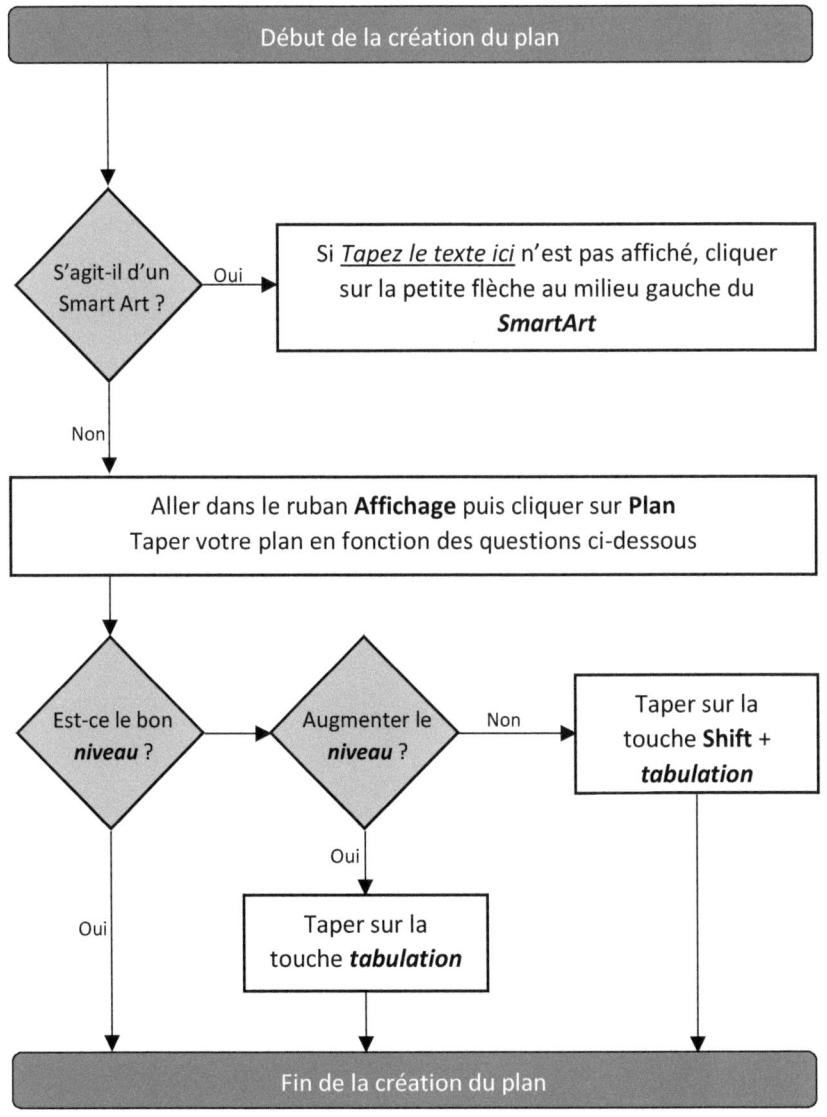

4.6 INS104 : Modifier les styles

L'objectif de cette instruction est de pouvoir modifier la mise en forme générale d'un document en changeant ses styles.

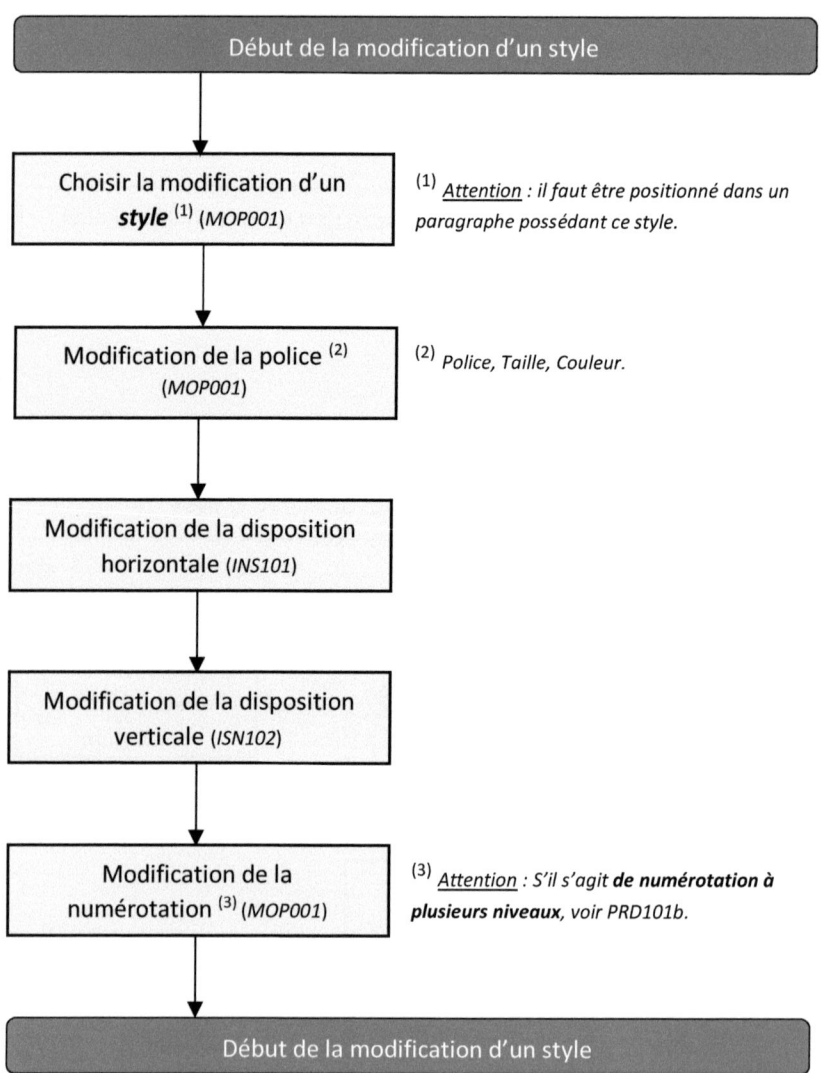

Début de la modification d'un style

Choisir la modification d'un **style** [1] (*MOP001*)

[1] *Attention : il faut être positionné dans un paragraphe possédant ce style.*

Modification de la police [2] (*MOP001*)

[2] *Police, Taille, Couleur.*

Modification de la disposition horizontale (*INS101*)

Modification de la disposition verticale (*ISN102*)

Modification de la numérotation [3] (*MOP001*)

[3] *Attention : S'il s'agit **de numérotation à plusieurs niveaux**, voir PRD101b.*

Début de la modification d'un style

4.7   INS105 : Faire une bibliographie

Cette instruction décrit la manière de créer une **bibliographie** à partir de **citations** d'œuvres ou d'articles.

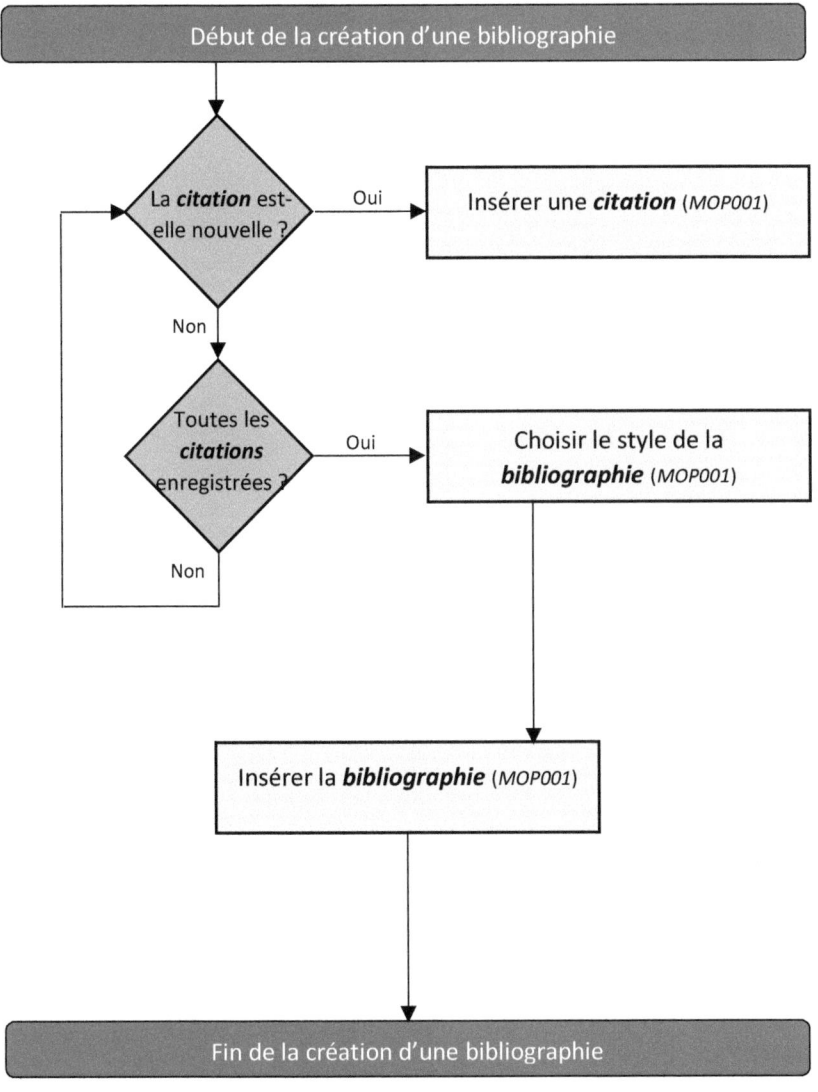

4.8 INS106 : Faire une table des illustrations

Cette instruction décrit la manière de créer une **table des illustrations** à partir d'images.

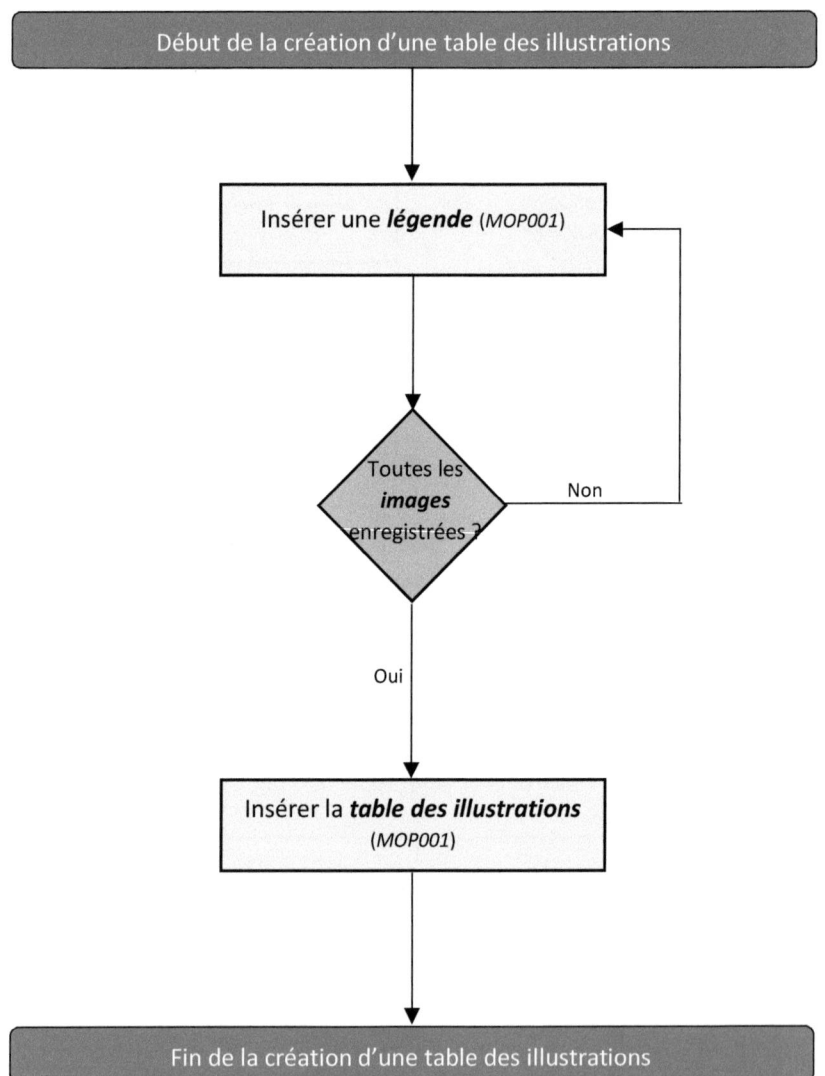

4.9 INS107 : Faire des notes

Cette instruction décrit la manière de créer des **notes de bas de page** ou **de fin de page.**

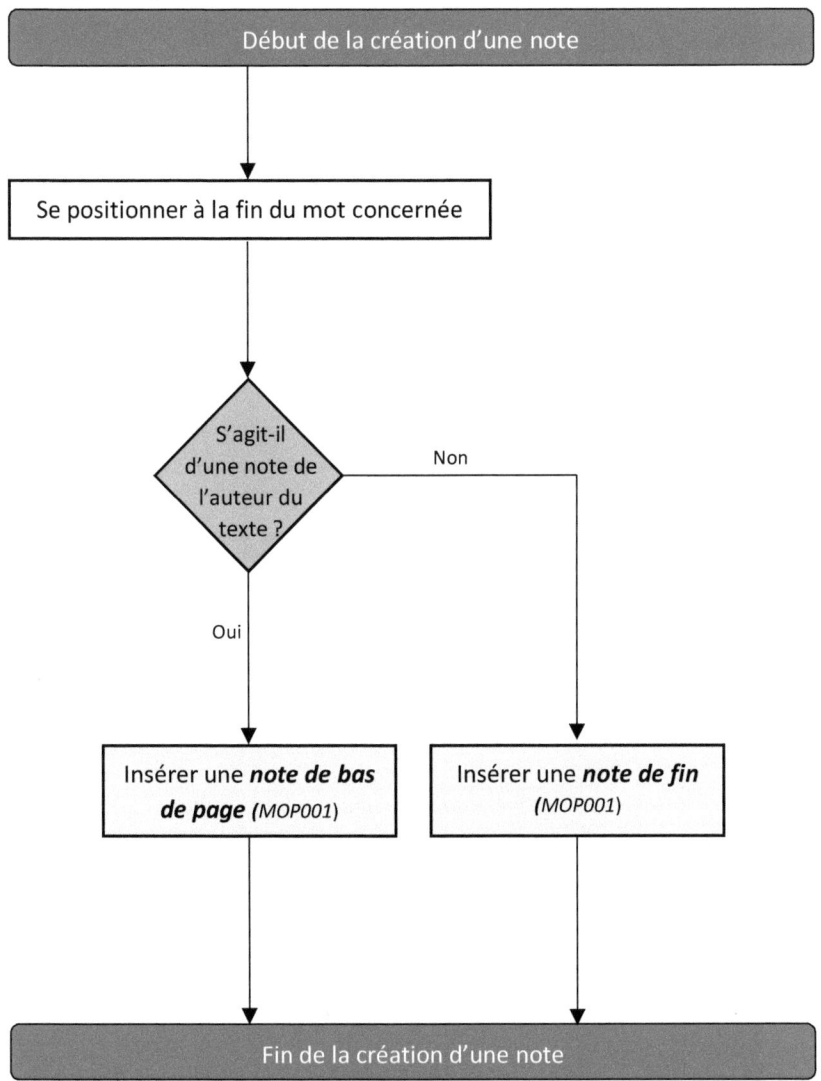

4.10 INS108 : Utilisation des champs

Cette instruction décrit l'utilisation des champs, notamment dans le cas du publipostage.

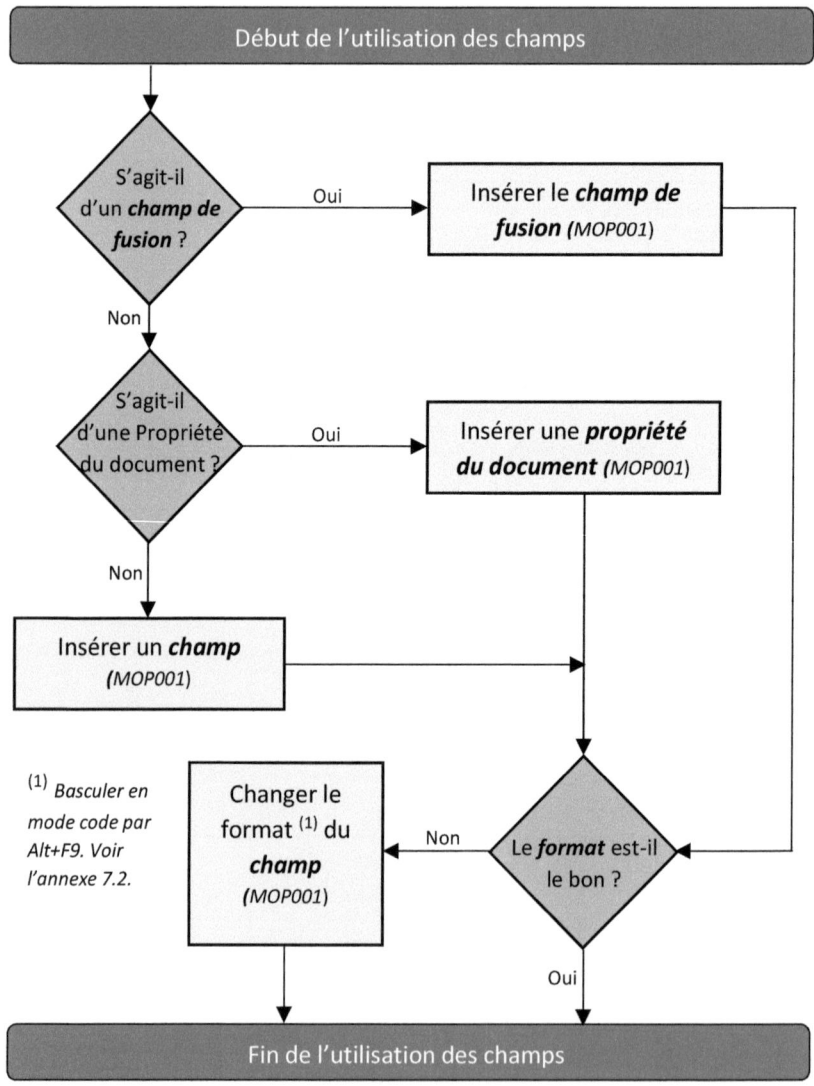

5 Manipulations

5.1 Création d'un courrier

Demande : création d'un courrier

Procédure : PRD101a — Document court
- ➢ Écrire le texte au kilomètre
  - o Écrire : Maître Martin
  - o Taper : **Shift** + **Entrée**
  - o Écrire : 15 place de la Liberté
  - o Taper : **Shift** + **Entrée**
  - o Écrire : 75016 Paris
  - o Taper : **Entrée**
  - o Taper sur la touche *Tabulation*
  - o Écrire : le 15/06/2020, Paris
  - o Taper : **Entrée**
  - o Taper sur la touche *Tabulation*
  - o Écrire : René Dupré
  - o Taper : **Entrée**
  - o Taper sur la touche *Tabulation*
  - o Écrire : 15 avenue des Champs Élysées
  - o Taper : **Entrée**
  - o Taper sur la touche *Tabulation*
  - o Écrire : 75008 Paris
  - o Taper : **Entrée**
  - o Écrire : Sujet : Vente d'un bien
  - o Taper : **Entrée**
  - o Écrire : Bonjour,
  - o Taper : **Shift** + **Entrée**
  - o Écrire : je sollicite de votre part un rendez-vous afin que nous finalisions ensemble la vente de votre appartement situé au 15 place de la Liberté à Paris.
  - o Taper : **Entrée**

- o Écrire : Veuillez recevoir, mes sincères salutations.
- o Taper **Entrée**
- o Taper sur la touche *Tabulation*
- o Écrire : Maître Martin
- ➤ Une Tabulation a-t-elle été tapée ? : Oui
- ➤ Faire la *disposition* horizontale (INS101)

Instruction : INS101 — Disposition horizontale

- ➤ Insérer un *Taquet de Tabulation* pour les *Paragraphes* concernés (*Ceux commençant par une tabulation*) (MOP001)
  - o (1) Consigne : insérer un *taquet de Tabulation gauche* à 7 cm pour les *Paragraphes* concernés
    - ▪ Lieu : Les *Paragraphes* concernés
    - ▪ Action : Insérer un *taquet de Tabulation gauche* à 7 cm
  - o (2) Sélectionner le lieu : les *Paragraphes* concernés
    - ▪ Méthode 1 : Pointeur de souris
  - o (3) Faire l'action : Insérer un *taquet de Tabulation gauche* à 7 cm
    - ▪ Méthode 2 : Clic droit
      - • Paragraphe
  - o (4) Option d'action
    - ▪ Avant fin de l'action : Boîte de dialogue
      - • Choisir l'onglet **Retrait et espacement**
      - • Cliquer sur *Tabulation...*
      - • Dans **Position** écrire *7*
      - • **Alignement** choisir *Gauche*
      - • **Points de suite** choisir *Aucun*
      - • Cliquer sur **OK**

- ➢ Faire la *disposition* verticale (INS102)

Instruction : INS102 — Disposition verticale

- ➢ Pour les *paragraphes* concernés, mettre de l'espace après à **n** pt (MOP001) : *Reproduire les manipulations ci-dessous pour chacun des paragraphes concernés.*
  - ○ (1) Consigne : Mettre un espace de **n** pt après le *paragraphe* concerné
    - ▪ Lieu : Le *Paragraphe* concerné
    - ▪ Action : Mettre un espace après de **n** pt
  - ○ (2) Sélectionner le lieu : le *Paragraphe* concerné
    - ▪ Méthode 1 : Pointeur de souris
  - ○ (3) Faire l'action : Mettre un espace après de **n** pt
    - ▪ Méthode 2 : Clic droit
      - • Paragraphe
  - ○ (4) Option d'action
    - ▪ Avant fin de l'action : Boîte de dialogue
      - • Choisir l'onglet **Retrait et espacement**
      - • Dans **Espacement avant** écrire **n** (*la valeur souhaitée*)
      - • Cliquer sur **OK**
- ➢ Pour tous les *paragraphes* mettre un *interligne* à 1,5 ligne
  - ○ (1) Consigne : Mettre un *interligne* à 1,5 ligne pour tous les *paragraphes*
    - ▪ Lieu : Tous les *Paragraphes*
    - ▪ Action : Mettre un *interligne* à 1,5 ligne
  - ○ (2) Sélectionner le lieu : Tous les *Paragraphes*
    - ▪ Méthode 1 : Pointeur de souris
  - ○ (3) Faire l'action : Mettre un *interligne* à 1,5 ligne
    - ▪ Méthode 2 : Clic droit
      - • Paragraphe

- o (4) Option d'action
  - Avant fin de l'action : Boîte de dialogue
    - Choisir l'onglet **Retrait et espacement**
    - Dans **Interligne** choisir *1,5 ligne*
    - Cliquer sur **OK**

5.2 Création d'un document long

Demande : Faire un document long

Procédure : PRD101b — Document long
- ➢ Faire le plan (INS103)

Instruction : INS003 — Faire un plan
- ➢ S'agit-il d'un SmartArt ? : Non
- ➢ Aller dans le ruban **Affichage** puis cliquer sur **Plan**
- ➢ Ecrire le plan
  - o Écrire : *Afrique*
  - o Est-ce le bon niveau ? : Oui
  - o Taper : **Entrée**
  - o Ecrire : *Mali*
  - o Est-ce le bon niveau ? : Non
  - o Augmenter le niveau ? : Oui
  - o Taper : **Tabulation**
  - o Ecrire : *Maroc*
  - o Est-ce le bon niveau ? : Oui
  - o Ecrire : *Asie*
  - o Est-ce le bon niveau ? : Non
  - o Augmenter le niveau ? : Non
  - o Taper : **Shift** + **Tabulation**
  - o Taper : *Chine*
  - o Est-ce le bon niveau ? : Non
  - o Augmenter le niveau ? : Oui
  - o Taper : **Tabulation**
  - o Taper : *Japon*
  - o Est-ce le bon niveau ? : Oui

- ➢ Revenir à *Affichage* **Normal** (MOP001)
  - o (1) Consigne : Revenir à *Affichage* **Page**
    - ▪ Lieu : Le document
    - ▪ Action : Revenir à *Affichage* **Page**
  - o (2) Sélectionner le lieu : Le document
    - ▪ Méthode 1 : Pointeur de souris
  - o (3) Faire l'action : Revenir à Affichage Normal
    - ▪ Méthode 4 : Ruban Permanent
      - • Affichage
      - • Page
- ➢ Numérotation à plusieurs niveaux ? : Oui
- ➢ Appliquer la *numérotation à niveaux* à tout le document (Mode opératoire : MOP001)
  - o (1) Consigne : Appliquer la *numérotation à niveaux* à tout le document
    - ▪ Lieu : Tout le document
    - ▪ Action : Appliquer la *numérotation à niveaux*
  - o (2) Sélectionner le lieu : Tout le document
    - ▪ Méthode 2 : **Ctrl + A**
  - o (3) Faire l'action : Appliquer la *numérotation à niveaux*
    - ▪ Méthode 4 : Par le ruban permanent
      - • Ruban **Accueil**
      - • Groupe **Paragraphe**
      - • Choisir une liste à plusieurs niveaux
- ➢ Modifier le style (INS104)
- ➢ Choisir la modification d'un style (MOP001)
  - o (1) Consigne : Mettre en *retrait* gauche de 0,5 cm pour le style de niveau 2
    - ▪ Lieu : Le style de niveau 2
    - ▪ Action : Mettre en *retrait* gauche de 0,5 cm

- o (2) Sélectionner le lieu : Le style de niveau 2 (*Il faut d'abord être positionné sur un paragraphe de niveau 2*)
  - ▪ Méthode 1 : Pointeur de souris
- o (3) Faire l'action : Mettre en **retrait** gauche de 0,5 cm
  - ▪ Méthode 2 : Clic droit
    - • Modifier
- o (4) Option d'action
  - ▪ Avant fin de l'action : Boîte de dialogue
    - • Format
    - • ***Paragraphe***
    - • Choisir 0,5 cm pour le **retrait** gauche
    - • OK
    - • OK
- ➢ Écrire le texte
  - o Pour chacun des ***paragraphes*** ajouter du texte virtuel en utilisant l'annexe 7.1 : Création de ***paragraphes*** virtuels

5.3   Faire un publipostage

Préparation :
- Créer un fichier Excel, nommé : Contacts
- Dans la feuille1, créer un tableau avec les colonnes : Nom, Prénom, Adresse, CP et Ville
- Remplir le tableau avec quelques lignes

Demande : Créer un publipostage à partir du courrier créer en 5.1.

Procédure : PRD120 — Faire un publipostage
- ➢ Choisir le type de document à publiposter : Courrier du 5.1.
- ➢ Sélectionner la source des données (Destinataire) (MOP001)
  - o <u>(1) Consigne</u> : Sélectionner la source des données pour ce document
    - ▪ <u>Lieu</u> : Ce document
    - ▪ <u>Action</u> : Sélectionner la source des données
  - o <u>(2) Sélectionner le lieu</u> : Ce document
    - ▪ <u>Méthode 1</u> : Pointeur de souris
  - o <u>(3) Faire l'action</u> : Sélectionner la source des données
    - ▪ <u>Méthode 4</u> : Par le ruban permanent
      - • Ruban **Publipostage**
      - • Groupe **Démarrer la fusion et le publipostage**
      - • **Sélection des destinataires** et **Utiliser une liste existante**
  - o <u>(4) Option d'action</u>
    - ▪ <u>Avant fin de l'action</u> : Boîte de dialogue
      - • Choisir le fichier Excel créé en préparation
- ➢ Filtrer la source de données : pas nécessaire pour cet exemple

- ➢ S'agit-il d'un document court ? : Oui
- ➢ Création d'un document court (PRD101a) : Déjà fait
- ➢ Utilisation des *champs* (INS108) pour les informations variables du document

Instruction : INS108 — Utilisation des *champs*
- ➢ S'agit-il d'un *champ de fusion* ? : Oui
- ➢ Insérer le *champ de fusion* Prénom à la place du *prénom inscrit* (MOP001)
  - ○ (1) Consigne : Insérer le *champ de fusion* Prénom à la place du *prénom inscrit*
    - ▪ Lieu : Le *prénom inscrit*
    - ▪ Action : Insérer le *champ de fusion* Prénom
  - ○ (2) Sélectionner le lieu : Le *prénom inscrit*
    - ▪ Méthode 1 : Pointeur de souris
  - ○ (3) Faire l'action : Insérer le *champ de fusion* Prénom
    - ▪ Méthode 4 : Par le ruban permanent
      - • Ruban **Publipostage**
      - • Groupe **Champs d'écriture et d'insertion**
      - • **Insérer un champ de fusion** et choisir le *champ* Prénom
- ➢ Idem pour les *champs* Nom, Adresse (2 fois), CP et Ville (2 fois)

Procédure : PRD120 — Suite
- ➢ Le document est terminé ? : Oui
- ➢ Terminer et fusionner (MOP001)
  - ○ (1) Consigne : Terminer et fusionner le courrier
    - ▪ Lieu : Le courrier
    - ▪ Action : Terminer et fusionner

- o (2) Sélectionner le lieu : Le courrier
  - ▪ Méthode 1 : Pointeur de souris
- o (3) Faire l'action : Terminer et fusionner
  - ▪ Méthode 4 : Par le ruban permanent
    - Ruban **Publipostage**
    - Groupe **Terminer**
    - **Terminer et fusionner** et **Modifier des documents individuel** puis **Ok**

5.4 Mettre en page

Préparation : Reprendre le document long de 5.2.

Demande : Mettre en page :

- ***Page de garde*** avec une carte du monde et le titre *Le Monde*
- ***En tête de page*** avec le titre du document
- ***Pied de page*** avec le n° de page/Total de pages

Procédure : PRD105 — ***Mise en page***

- ➢ Insérer un page de garde (MOP001) avec Image et Titre
  - o (1) Consigne : Insérer une ***page de garde*** avec image et titre pour ce document
    - ▪ Lieu : Ce document
    - ▪ Action : Insérer une ***page de garde*** avec image et titre
  - o (2) Sélectionner le lieu : Ce document
    - ▪ Méthode 1 : Pointeur de souris
  - o (3) Faire l'action : Insérer une ***page de garde*** avec image et titre
    - ▪ Méthode 4 : Par le ruban permanent
      - • Ruban **Insertion**
      - • Groupe **Pages**
      - • **Page de garde** et choisir par exemple *Guide*
- ➢ Modifier l'image (MOP001)
  - o (1) Consigne : Modifier l'image existante
    - ▪ Lieu : L'image existante
    - ▪ Action : Modifier l'image
  - o (2) Sélectionner le lieu : L'image existante
    - ▪ Méthode 1 : Pointeur de souris

- o (3) Faire l'action : Modifier l'image
  - ▪ Méthode 2 : Par le clic droit
    - • **Modifier l'image**
    - • Choisir le lieu
- ➢ Modifier le Titre : Ecrire dans le champ prévu
- ➢ Ajouter ou modifier un champ ? : Non
- ➢ Insérer un en-*tête de page* avec le titre (MOP001)
  - o (1) Consigne : Insérer un **en-*tête de page*** avec le titre pour ce document
    - ▪ Lieu : Ce document
    - ▪ Action : Insérer un en-*tête de page* avec le titre
  - o (2) Sélectionner le lieu : Ce document
    - ▪ Méthode 1 : Pointeur de souris
  - o (3) Faire l'action : Insérer une ***page de garde*** avec image et titre
    - ▪ Méthode 4 : Par le ruban permanent
      - • Ruban **Insertion**
      - • Groupe **En-tête** et **pied de page**
      - • **En-tête** et choisir par exemple *Guide*
- ➢ Ajouter ou modifier un champ ? : Non
- ➢ Insérer un ***pied de page*** avec le n° de page sur le Total (MOP001)
  - o (1) Consigne : Insérer un ***Pied de page*** avec le n° de page sur le Total pour ce document
    - ▪ Lieu : Ce document
    - ▪ Action : Insérer un ***Pied de page*** avec le n° de page sur le Total
  - o (2) Sélectionner le lieu : Ce document
    - ▪ Méthode 1 : Pointeur de souris

- o (3) Faire l'action : Insérer un **Pied de page** avec le n°
  de page sur le Total
    - Méthode 4 : Par le ruban permanent
        - Ruban **Insertion**
        - Groupe **En-tête** et **pied de page**
        - **Pied de page** et choisir par exemple
          Sémaphore

6 Glossaire

Abscisse : Axe horizontal sur un *graphique*.

Affichage : Il existe plusieurs affichages sur Word permettant de saisir de différentes manières :
- **Mode lecture** : Affichage sur 2 pages à la façon d'un livre
- **Page :** Affichage classique pour l'écriture
- **Web** : Affichage à la façon du Web pour publication sur internet
- **Plan** : Affichage pour la création de la hiérarchie (*plan*)
- **Brouillon** : Affichage sans mise en forme

Alignement : Il s'agit du positionnement du paragraphe sur la largeur de la page. Il en existe 4 différents : Aligner à Gauche, Centrer, Aligner à Droite et Justifier.

Application : Il s'agit du logiciel qui permet d'ouvrir, de modifier un fichier. Word, Excel et Powerpoint sont des applications.

Bibliographie : Elle représente l'ensemble des Livres, articles ou citations proposés dans le document. Une fois chaque élément référencé, elle peut être créer automatiquement dans les dernières pages du document (*cf. chapitre 4.7*)

Bordure : Représente le contour dessiné des *paragraphes*.

Champ : Il s'agit d'un élément prédéfini par une valeur, utilisable plusieurs fois dans le même document. Ce sont soit des propriétés du document ou des champs existants, nous les retrouvons dans le Ruban *Insertion*, Groupe *Texte*, puis *QuickPart*.

Champ de fusion : Il s'agit des *champs* issus de la source d'un publipostage.

Citation : Il s'agit de la référence à un livre, un article ou une citation, dans le but de créer une *Bibliographie* en fin de document.

Colonne : Par défaut, une page ne comporte qu'une seule colonne d'écriture, il est proposé d'en avoir plusieurs (à la manière d'un magazine).

Commentaires : Cette fonctionnalité permet d'ajouter des remarques dans la marge.

Disposition : Il s'agit du positionnement du texte horizontalement et verticalement (ne pas confondre avec *l'alignement*).

Document : Il s'agit du fichier Word (*et non l'application Word*).

Dossier : Connu également sous le nom de répertoire, il s'agit du lieu où sont enregistrés les fichiers ou les applications.

En-tête de page : Il s'agit du texte qui apparaît en haut de chacune des pages du document.

Extension : Il s'agit des 3 ou 4 lettres situées à la fin du nom d'un fichier, précédées d'un point (.). Pour les documents Word il en existe plusieurs dont les principales sont : .docx ou .docm ; pour Excel : .xlsx et xlsm ; pour PowerPoint : .ppt et .pptx
Le rôle de l'extension est de permettre à Windows de savoir quelle application il doit utiliser pour ouvrir ledit fichier.

Fichier : Il s'agit du document qu'une application permet d'ouvrir, de modifier. S'agissant de Word, le fichier se nomme un *Document* ; Excel, un Classeur ; PowerPoint, une Présentation.

Format : Il s'agit de la mise en forme des nombres ou des dates pour les *champs* insérés dans le document. (Exemples : 10,30 € ou 21/12/2021) (*cf. chapitre 7.2*).

Graphique : Cet outil permet de faire apparaître sous forme imagée des données, afin d'avoir une analyse plus rapide et plus simple.

Habillage : Cet outil est lié aux images, il permet de positionner ladite image par rapport au texte.

Interligne : Nous parlons ici de l'espace entre chacune des lignes d'un même paragraphe.

Mise en page : Opération permettant de définir *l'orientation*, la taille et la marge des pages. Elle succède au travail de composition du contenu et précède souvent le travail d'impression.

Niveau : Autrement appelé hiérarchie, il s'agit du niveau des titres d'un document (Titre principal, titre secondaire, etc.).

Note : Annotations qui apparaissent en bas de page ou en fin de document dans l'objectif de donner une précision sur un terme complexe.

Numérotation : Chiffre ou lettre présents en début de titre.

Numérotation (Liste) à plusieurs niveaux : Cette numérotation permet d'avoir une cohérence de numérotation sur le document possédant plusieurs niveaux de titres.

Ordonnée : Axe vertical sur un *graphique*.

Orientation : Lors de la *mise en page*, il s'agit du sens de la page (Portrait ou paysage).

Orpheline : Première ligne d'un paragraphe apparaissant isolée en bas d'une page.

Page de garde : Première page d'un document.

Paragraphe : Groupement de lignes dans un document. Un nouveau paragraphe se crée dès lors que nous tapons sur la touche **Entrée**.

Pied de page : Il s'agit du texte qui apparaît en bas de chacune des pages du document.

Plan : Ensemble des titres d'un document, accessible par **Affichage/Plan.**

Police : Désigne le type de topologie de caractère, exemple : *Calibri* ou *Times New Roman*.

Propriété du document : Il s'agit des informations sur le document : Auteur, Date de création, etc.

Publipostage : Il consiste à reproduire le document de base en autant d'exemplaires qu'il y a de destinataires. Chaque exemplaire comportant le contenu spécifique à son destinataire.

Puce : Petite illustration se trouvant devant une ligne, dans liste (exemple : un point, un tiret, etc.).

Référence : Représente les informations nécessaires à la création d'un *sommaire*, d'une *bibliographie* ou d'une *table des illustrations*.

Règle : Barre au-dessus de la page, sur laquelle se trouvent les différents *taquets de tabulation*.

Retrait : Ils sont comparables à des marges qui ne seraient appliquées qu'à un *paragraphe*. Ils permettent de déplacer un *paragraphe* sur la largeur de la page. Il existe 3 sortes de retraits : le retrait à gauche (le plus utilisé), le retrait à droite, le retrait de 1re ligne.

Saut de colonne : Permet d'aller sur une nouvelle colonne.

Saut de page : Permet d'aller sur une nouvelle page.

Saut de section : Permet d'aller sur une nouvelle *section*.

Section : Une section permet de partitionner le document pour appliquer à chacune de ces partitions des commandes spécifiques telles que changer la mise en page, découper le document en chapitres, modifier les pieds de page pour chaque section, insérer une table des matières pour la section, etc.

SmartArt : Représentation visuelle de vos informations et idées. Certaines dispositions (comme les organigrammes et les diagrammes de Venn) illustrent certains types d'informations, tandis que d'autres améliorent simplement l'apparence d'une liste à puces.

Sommaire : Voir *Table des matières*.

Style : Ensemble de caractéristiques de mise en forme (police, taille de police, couleur, etc.) que vous pouvez appliquer à un *document* afin de modifier rapidement leur aspect.

Suivi des modifications : Autrefois nommé *Gestion des révisions*, il permet de garder la trace de toutes les modifications d'un document effectuées par soi-même ou quelqu'un d'autre. C'est très utile en particulier lorsqu'on travaille à plusieurs sur un même document. Pour les faire disparaître définitivement, il est impératif de toutes les accepter ou les refuser.

Table des illustrations : Permet de répertorier et organiser les illustrations dans votre document Word en créant une table des illustrations, comme une table des matières. Ajoutez d'abord des légendes à vos illustrations, puis utilisez la commande Insérer une table des illustrations sous l'onglet références. Word recherche dans le document vos légendes, et ajouter automatiquement une liste de chiffres, triés par numéro de page.

Table des matières : Également appelée **sommaire**, elle la représentation de l'ensemble des titres du document. Il faut, au préalable, avoir paramétré ces différents titres en leur attribuant un niveau hiérarchique, soit dans l'affichage **Plan**, soit en modifiant leur **style**.

Tabulation : À l'origine, cette touche permet de positionner un chiffre, un nombre, un mot ou un texte à l'emplacement du prochain **taquet de tabulation**, défini préalablement. D'une manière plus générale, cette touche permet de déplacer le curseur de saisie d'un champ à un autre.

Taquet de tabulation : Il s'agit d'un emplacement défini sur la **règle** où la frappe doit s'arrêter ou débuter. À l'intersection des deux règles de Word (verticale et horizontale), vous avez une sorte de **L** : c'est le sélecteur de tabulations.
Il y a 5 sortes de **tabulation** :

- **Tabulation gauche** : c'est la tabulation par défaut. À partir de cette tabulation, le texte n'apparaîtra qu'à droite de celle-ci.
- **Tabulation centrée** : le texte saisi sera centré par rapport à ce point.
- **Tabulation droite** : le texte n'apparaîtra qu'à gauche de celle-ci.
- **Tabulation décimale** : fonctionne un peu comme la tabulation centrée, mais pour les nombres en prenant comme point de repère la virgule (,). Si vous rajoutez des chiffres avant et après la virgule, la virgule restera au même endroit.
- **Tabulation barre** : c'est la seule tabulation qui ne déplace pas le texte, mais crée une barre verticale.

Thème : Il permet de définir les différentes couleurs, polices et effets d'objet dans un fichier Office (aussi bien Excel, Word que PowerPoint).

Trame de fond : Désigne la couleur de fond d'un *paragraphe*.

Veuve : Dernière ligne d'un *paragraphe* apparaissant isolée en haut d'une page.

7 Annexes

7.1 Création de paragraphes virtuels

Le principe de cette annexe est de vous aider à créer rapidement et de façon aléatoire des *paragraphes*, afin de réaliser des exercices et des manipulations.

7.1.1 Par Lorem
1. Écrire la formule =lorem (**p, l**)
   - **p** est le nombre de paragraphes et **l** le nombre de lignes.
2. Puis taper sur la touche **Entrée**.

7.1.2 Par Rand
1. Écrire la formule =rand (**p, l**)
   - **p** est le nombre de paragraphes et **l** le nombre de lignes.
2. Puis taper sur la touche **Entrée**.

7.2 Format des champs

Après avoir inséré des *champs* dans Word il est possible de modifier leur *format*. Bien entendu, il faut que le nouveau *format* soit conservé lors de la mise à jour des *champs*.

Pour basculer les codes de *champs*, utiliser le raccourci clavier **ALT + F9** ou le clic droit.

Les *champs* sont entourés de balises en forme d'accolades (si nécessaire, ces balises peuvent être insérées à la main en appuyant sur **Ctrl + F9**).

Après l'ouverture de l'accolade apparaît le nom du champ : *{Date de naissance…}*

Ensuite, nous retrouvons un commutateur permettant de définir le format des champs, il en existe trois :

- * pour le texte
- \# pour les nombres
- \@ pour les dates

Exemple : *{Date de naissance\@...}*

Ensuite, la précision du format souhaité. Par défaut, c'est l'information MERGEFORMAT que l'on retrouve, elle permet de conserver le **format** fait manuellement sur un **champ** même lors de sa mise à jour.

Exemple : *{Date de naissance\@ MERGEFORMAT}*

Nous avons la possibilité de personnaliser ce **format**, qu'il faut mettre en lieu et place de MERGERFORMAT en entre guillemets. Voici les symboles utilisables :

- Pour les nombres
  - o # : un chiffre non obligatoire
  - o 0 : un chiffre obligatoire
- Pour les dates et heures
  - o d : jour avec un chiffre
  - o dd : jour avec deux chiffres
  - o dddd : jour en toutes lettres
  - o M : mois avec un chiffre
  - o MM : mois avec deux chiffres
  - o MMMM : mois en toutes lettres
  - o yy : l'année en deux chiffres
  - o yyyy : l'année en quatre chiffres
  - o hh : l'heure de 0 à 12 heures
  - o HH : l'heure de 0 à 24 heures
  - o mm : les minutes

- Pour le texte
  - Caps : toutes les premières lettres en majuscule
  - FirstCap : la première lettre en majuscule
  - Upper : toutes les lettres en majuscule
  - Lower : toutes les lettres en minuscule

Exemple1 : {Nom* Caps}

Exemple2 : {Date de naissance\@ ''dd/MM/yyyy''}

Exemple3 : {Quantité\# ''# ##0''}

Table des matières